청어詩人選 489

서로 잇다

전해심 시집

서로 잇다

전해심 시집

서로 잇다

전해심 시집

추천사

현존하는 사계절을 담으며

유명숙(영문학자)

수년 전 작가 전해심의 시집을 한 권 건네받았다.

시집의 타이틀이 〈아가야 나오너라 달맞이 가자〉였다. 시의 제목이 그저 보는 순간 뭉클함을 자아냈다. 그녀가 말하는 '아가'는 누구일까? 짙은 호기심을 가지고 책을 펼쳤다.

얼마 후 그 제목에 등장한 '아가'에 대한 이야기를 작가의 목소리로 전해 들었다. 오래전 한 아이를 가슴에 깊이 묻고 살아야 했던 작가의 마음을 읽으며 전해심 시인을 새로이 각인하게 되었다.

2025년 전해심 시인이 다시 그녀의 시를 세상에 내어놓는다. 그녀의 작품이 출간되기를 사실 오래 기다려 왔다. 조용히 그녀가 겨울잠에서 깨어나기를 기다렸다. 오랜 동면에서 깨어남은 이전보다 더 깊고 조용한 새로운 움직

임으로 기지개를 활짝 펼쳤다.

'그녀의 어떤 삶과 철학, 사유가 이번 작품에 담겼을까?' 하는 기대로 한 편 한 편 전해심 시인의 시를 읽었다. 작품에는 그녀의 삶, 아니 깊은 인생이 고스란히 담긴 사계절을 맞고 지남이 그대로 드러났다. 한순간도 허술하게 지나지 않는 그녀의 진지함이 들어 있었다.

사계절로 조우 한 모든 글에 그녀가 느끼는 진하고 깊은 마음이 담겨 있다. 그런 의미로 작품에 그녀가 지나는 인생의 사계가 아름답게 드러난다. 봄의 환희를 향해 걷는 설렘과 열정이 〈비빔밥〉, 〈지렁이〉, 〈변수〉로, 초록의 생명력을 담아 짙게 표현한 여름의 싱싱함이 〈변비〉, 〈알약〉, 〈산장여관 옆집 미조빌라〉, 〈냉장고를 부탁해요〉에 고스란히 드러난다.

그렇게 두 계절을 지나고 작가는 더 깊은 심연으로 자신을 동화해 간다. 그리하여 잔잔히 깊어지는 가을의 처연함으로 〈인생의 연산 법칙〉, 〈백 점 만점에 백 점인 여행〉을 찾아간다. 마침내 또 다른 비상을 꿈꾸는 겨울의 은둔으로 침잠하는 〈내 인생의 주인공〉은 바로 자신이라는 것을 스스로 각인하며 새겨간다.

작가의 모든 시가 관조적 삶의 지혜를 표현하며 직시하게 한다. 하지만 무엇보다 가슴을 쩡하게 울리는 사칙계산으로 대변한 〈인생의 연산 법칙〉은 그녀가 고등학교

수학 선생으로 많은 세월을 지나온 경험에 의해서만 찾아낼 수 있는 직관성으로 찾아낸 것이기에 참으로 더욱 놀랍다.

  그녀의 글은 오래 작품에서 머물게 한다. 읽을수록 깊고 진한 여운을 주며 쉽게 작품에서 걸어 나오지 못하게 하는 마음 이끌림을 준다.

  아마도 이런 이끌림은 그녀를 조금씩 알아 오며 오랜 지인으로 세월을 함께 지나고 있어서이기도 할 것이라 여긴다. 그러나 그 어떤 무엇보다 그녀가 글에서 보이는 담백함과 솔직함과 따스함이 불러내는 사랑 때문일 것이라는 점이 대단히 크다.

  혹, 삶의 여정을 걸어가며 매 순간 느끼게 되는 사유를 알고 싶은 모든 가슴이 있는 분들이 계신다면, 그 모두에게 '귀한 글을 놓치지 맙시다'라고 진정 어린 권문을 보낸다.

―저자의 오랜 지인
유명숙

recommendation

Containing the Four Seasons of the Present

Myoung-sook Lyu(English scholar)

A few years ago, I received a book of poetry by Jeon Hae-sim.

The title of the book was 〈Baby, Come Out, Let's Go to the Moonlight〉. The title of the poem made me feel touched the moment I saw it. Who is the 'baby' she is talking about? I opened the book with deep curiosity.

A while later, I heard the story of the 'baby' in the title in the author's own voice. Reading the author's heart, who had to live with a child buried deep in her heart a long time ago, I was able to imprint Jeon Hae-sim in my mind anew.

In 2025, Jeon Hae-sim will release her poetry to

the world again. I have actually waited a long time for her work to be published. I quietly waited for her to wake up from her winter sleep. Waking up from her long hibernation stretched her body with a new movement that was deeper and quieter than before.

I read Jeon Hae-sim's poems one by one with anticipation, wondering, 'What kind of life, philosophy, and thoughts are contained in this work?' Her work fully captures her life, or rather, her deep life, and the four seasons that pass by are revealed as they are. Her seriousness that does not pass by carelessly even for a moment is contained.

All the writings she encounters in the four seasons contain her deep and profound feelings. In that sense, the four seasons of her life are beautifully revealed in her work. The excitement and passion of walking toward the joy of spring are expressed in ⟨Bibimbap⟩, ⟨Earthworm⟩, and ⟨Variable⟩, and the freshness of summer, which is expressed with the vitality of green, is fully expressed in ⟨Constipation⟩, ⟨Pills⟩, ⟨Mijo Villa Next to the Mountain Inn⟩, and ⟨Please Take Care of the Refrigerator⟩.

After two seasons, the author immerses herself into a deeper abyss. Thus, she searches for 〈The Law of Life's Calculation〉 and 〈A Journey That Is Perfect Out of a Hundred Points〉 with the sorrow of autumn that gradually deepens. Finally, 〈The Protagonist of My Life〉, who is immersed in the seclusion of winter dreaming of another emergency, imprints and engraves on herself that she is herself.

All of the author's poems express the wisdom of a contemplative life and make us face it. However, the 〈Arithmetic Laws of Life〉, which are expressed through the four arithmetic calculations that touch the heart, are truly amazing because they were discovered with the intuition that can only be found through her experience as a high school math teacher for many years.

Her writing makes you stay in her work for a long time. The more you read, the deeper and more profound the aftertaste, and the more you are drawn to her work, which makes it difficult to easily walk away.

Perhaps this drawing is because I have gradually come to know her and have spent time with her as a long-time acquaintance. However, more than anything else, it is because of the love that is evoked by the frankness, honesty, and warmth that she shows in her writing.

If there are any people who have hearts that want to know the reason that they feel at every moment as they walk the journey of life, I sincerely send them a letter of advice saying, Let's not miss this precious writing.

—The author's long-time acquaintance
Myoung-sook Lyu

시인의 말

이름도 잊었습니다.
상호도 잊었습니다.
지난 이십 년 동안 단 하루도 오차 없이
생명의 동아줄 같은 임대료
월급처럼 꼬박꼬박 챙겨주신
경희궁의 아침 3단지 지하상가
스포츠센터 사장님께 경의를 표합니다.

사장님 덕분에
세찬 폭풍우에 맞서
가난한 시인은 쓰러지지 않았고
시인의 딸들도 엄마 기둥을 끌어안고
잘 이겨냈습니다.
정직하고 반듯한 사람이 존경받는
세상이 오리라 믿습니다.
고맙습니다.
존경합니다.

『아가야 나오너라 달맞이 가자』
첫 번째 시집 출간 후
시와 담쌓고 살던 저를
끊임없이 지지하고 응원한
가족과 지인, 친구들에게 감사합니다.
특히 따뜻한 마음 바다와 같고
문학 사랑 마음이 맑은 샘물처럼 흐르는
유명숙 영문학자님!
『서로 잇다』
두 번째 시집은 유명숙 영문학자님 덕분에
세상에 나오게 되었습니다.
감사합니다.

전해심 올림

차례

7 추천사_현존하는 사계절을 담으며
유명숙(영문학자)

14 시인의 말

1부　봄

22　덤
23　[번역 시] Bonus
24　변수
25　[번역 시] Variable
26　새 출발 다짐
28　주먹밥
29　눈과 바람이 만든 이야기
30　더덕
31　[번역 시] Deodeok herb
32　지렁이
33　[번역 시] The Earthworm
34　행복한 시절
35　[번역 시] Happy times
36　내가 쓰고 싶은 시
37　꼴찌의 인생 성공법
38　무모한 용기
40　신기한 세상
41　장미 터널을 지나며
42　비빔밥
43　[번역 시] Bibimbap
44　이름값
45　사랑의 황금비율

2부 여름

48 매미 소리
50 변비
51 [번역 시] Constipation
52 알약
53 [번역 시] Pills
54 산장여관 옆집 미조빌라
56 [번역 시] Mijo Villa next door to the mountain lodge
58 날마다 감사할 뿐이네
60 사라지는 추억들
61 옷 구경하다 사색하기
62 냉장고를 부탁해요
63 [번역 시] Please take care of my refrigerator
64 사랑 고백의 순간
65 홀로서기
66 서로 잇다
67 [번역 시] Connected to each other
68 암막 커튼
69 나는 멋진 사람
70 장마 이야기
71 [번역 시] The Story of the Rainy Season
72 나의 양념통
73 [번역 시] My seasoning jar
74 기다림이란
75 추억의 덕목

3부 가을

- 78   믿고 보는 드라마
- 79   욕심내지 마세요
- 80   착각
- 82   각자의 잣대로 이해
- 84   만나고 싶어요 김유경 씨
- 86   백 점 만점에 백 점인 여행
- 87   [번역 시] A trip that scores 100 out of 100
- 88   헛먹은 나이
- 90   어른 교육 시작
- 91   날마다 소풍
- 92   아가야 나오너라 달맞이 가자
- 93   나는 행복한 사람
- 94   한파특보
- 95   관점의 차이
- 96   인생의 연산 법칙
- 98   [번역 시] The Four Laws of Arithmetic in Life
- 100 선순환
- 101 기다리는 마음

4부 겨울

- 104 인생 최고의 복
- 105 좌우명
- 106 저속노화를 원하는 이유
- 107 [번역 시] Why I Want to Age Slowly
- 108 신선
- 109 치매 초기
- 110 행복에 이르는 길
- 111 사과
- 112 병상 위의 독백
- 113 내가 죽으면
- 114 오래전 폐기된 순애보
- 116 오르막길
- 117 임종
- 118 또 만납시다
- 119 [번역 시] Let's meet again
- 120 개나리 노랑 세상
- 121 [번역 시] Yellow world dyed in forsythia
- 122 내 인생의 주인공
- 123 [번역 시] Me, the main character of my life
- 124 거울 속으로
- 125 옛날이야기
- 126 [노래 작사] 매미 소리

1부

봄

덤

일 번은 자유롭게 뛰놀던 닭이 낳은 알
이 번은 실내외를 오가며 산 닭이 낳은 알
삼 번은 넓은 우리 안에서 키운 닭이 낳은 알
사 번은 밀집 사육한 닭이 낳은 알이에요
난 삼 번 달걀을 먹어요
나의 단골인 〈고향달걀〉 가게에서는
삼 번 달걀만 팔기 때문이에요
늘 씩씩하신 주인 할머니
삼십 알 한 판을 사면 세 알 덤으로 주지요
활짝 핀 벚꽃 같은 미소 덤으로 주지요
집에 와 삶은 달걀 반으로 자르면
노란 개나리꽃 덤으로 웃고
나는 덤으로 행복을 올려서 먹지요

[번역 시] Bonus

1st is an egg laid by a chicken that ran around freely

2nd is an egg laid by a chicken that moved around indoors and outdoors

3rd is an egg laid by a chicken raised in a large cage

4th is an egg laid by a chicken that was raised in a crowded environment

I eat the third egg

Because my regular store, ⟨Hometown Egg⟩

only sells the third egg

The always cheerful store owner

If you buy a box of thirty eggs, she gives you three eggs for free

She gives you a smile like a cherry blossom in full bloom

When you come home and cut a boiled egg in half

You get a bonus smile from a yellow forsythia

I eat it to add happiness

변수

봄날의 따뜻한 햇볕
큰 유리창에 아지랑이 그림자 비추고
겨울을 뚫고 나오며 내게 속삭였어요
산뜻한 옷 위에 미소 한 바가지 입혀
봄 속으로 뛰어들었다가
거센 시샘 바람에 밀려
다시 집으로 뛰어갔어요
뜻밖에 등장한 바람의 변수
난 미처 생각하지 못했지요

[번역 시] Variable

The warm sunlight of spring
cast a shadow on the large window,
and the weather variable whispered to me as I broke through the winter
I put on fresh clothes and added a smile
and jumped into the splendid spring,
but was pushed by a strong wind of jealousy
and ran back home
The variable of the wind that appeared unexpectedly
I didn't think about it

새 출발 다짐

샛바람에 떠밀려
뜨거운 태양 서산으로 넘어가면
나는 처음부터 다시 시작할 거야
쌀쌀한 그대 시선 이젠 괜찮아
날아가는 화살처럼 순식간에 사라진 나의 영광들

육하원칙 순서는 내게 상관없어
누가 무엇을 언제 어디서 왜 어떻게 라고 하든
언제 어디서 누가 무엇을 어떻게 왜 라고 하든
난 상관없어
생각의 생각은 이제 그만 (stop stop)
꼬리에 꼬리를 문 생각 대신 이제 나를 볼 거야
나 자신을 믿을 거야
나 자신을 믿는 거야

이 순간이 인생의 밑바닥이면
올라갈 일만 있는 거야
신발 밑창에 스프링 달아 힘껏 튀어 오를 거야
호흡을 크게 내쉬면서 튀어 올라
높은 곳에서 세상을 볼 거야
튀어 오를 때의 희열은 오직 나의 것
나 자신을 믿는 거야
나 자신을 믿을 거야

발 구르기 시작 하나둘 셋
자 너도 따라 해봐 발 구르기 하나 둘 셋
자 이제 너와 나 같이 발 구르기 하나 둘 셋
나 자신을 믿는 거야
나 자신을 믿을 거야

주먹밥

아직은 설익은 욕심의 이야기들
꼬들꼬들 밥 안에 넣고
다진 채소에 볶은 청춘의 잔재미
살덩이 육즙과 소금으로 버무린다
이제 꽉꽉 뭉쳐진 주먹밥은
화려한 인생을 꿈꾸는 당신의 동반자

사랑에 허기진 세상에서
당신의 벗이 되어
당신과 동행하는 나는
꽉꽉 뭉쳐진 주먹밥
화려한 인생을 꿈꾸는 당신의 동반자
화려한 인생을 꿈꾸는 당신의 주먹밥

황금비율로 볶은 당신과 나의 이야기
당신의 큰 입에 넣으면
당신 입안에 퍼지는 나의 사랑
환한 웃음 되고 당신과 나는
충분히 행복한 미래로 흘러갈 거야
나는 당신의 동반자
나는 당신의 주먹밥

눈과 바람이 만든 이야기

겨울의 끝자락을 알리던 어느 날
매서운 칼바람에 흩날리던 눈
나목을 때리고 지나갔어라
재빨리 지나가는 이 한철
그리움에 가슴 태울까
하늘 향한 가지들
눈을 잡아 새하얀 눈꽃을 피웠어라

아름드리 꽃다발에 임의 얼굴 환한 미소
나목도 살짝 웃었어라
나목도 살짝 웃었어라
흘러가는 시간 행복한 그리움으로 채워지리
흘러가는 시간과 재회하는 그날 행복하리

더덕

오늘이 어제 같고
내일이 오늘일 것 같아
허무에 빠진 그대여
더덕의 향기를 맡아봐

보이지 않아도 알 수 있어
멀리서도 알 수 있어
향기만으로 정확하게 찾을 수 있어
보이는 게 능사인가
대자연의 귀엣말 들려오지

땅속 깊이 있어도
보이지 않아도 찾을 수 있는
더덕처럼 향기로운 그대
오 세상에
보이는 게 능사인가
대자연의 귀엣말 가슴에 새겨봐

[번역 시] Deodeok herb

Today is like yesterday
Tomorrow seems like today
You who have fallen into emptiness
Smell the scent of deodeok

You can know even if you can't see it
You can know from far away
You can find it accurately with just the scent
What you see isn't always the best
Hear the whispers of Mother Nature

Even deep in the ground
You can find it even if you can't see it
You are fragrant like deodeok
Oh, in this world
What you see isn't always the best
Take the whispers of Mother Nature to heart

지렁이

죽음이 두렵지 않으랴
다만 경험해 보지 못한 세계에 대한
갈망이 큰 것이리니
빛이란 대체 어떤 것인가
밤새 내리던 비가 그치려는 때
태양이 뜨기 직전
맨몸뚱이로 지상에 나온 지렁이여
찬란한 해돋이를 맞이하여
비 온 뒤의 상쾌한 공기와
밝은 빛의 환희를
온몸으로 느꼈다면
이제는 부지런히 움직여야 하리
태양이 아직 빛으로만 존재할 때
용감한 모험은 끝나야 하리
맨몸뚱이 얇은 피부에 보호복도 없이 꾸물댐은
뜨거운 태양이 내리치는
목마름과 죽음인 것을

[번역 시] The Earthworm

How can you not be afraid of death?
It is just that you have a great longing for a world
you have not experienced
What on earth is light?
When the rain that has been falling all night
is about to stop
Just before the sun rises
Earthworm that came out to the ground naked!
If you have felt the refreshing air
after the rain
and the joy of bright light
With your whole body
as you greet the splendid sunrise
Now move diligently
While the sun still exists only as light
The brave adventure must end
So to linger without protective clothing on your thin skin
The hot sun will beat down on you
and you will be thirsty and die

행복한 시절

난 비록 월급이 적고
할 일 미치도록 많은 힘든 청춘이지만
구중궁궐 속
공주님 왕자님 왕비님 임금님이
되고 싶은 생각 전혀 없어요
황금 수도꼭지와
자가용 비행기를 가진 부자
부럽지 않아요

최저 임금이지만 몇 달 저축하면
나도 최고급 요리 먹을 수 있어요
최고급 호텔에서 우아하게
여행할 수 있어요
대를 이을 자식 낳아야 한다는
의무감도 없어요
영혼이 자유로워지는 무전여행 할
튼튼한 두 다리가 있어요
창창한 미래를 꿈꿀 수 있는 난
지금의 나를 좋아해요

[번역 시] Happy times

Even though I am a young man
with a low salary and a crazy amount of work to do,
I have no desire
to be a princess, a prince, a queen, or a king
in a palace
I don't envy the rich
who have golden faucets
and private planes

Even though I am on minimum wage,
if I save up for a few months,
I can eat the best cuisine,
I can travel
elegantly in the best hotels
I don't feel the obligation
to have children who will continue the family line
I have strong legs to travel freely
That makes my soul free
I can dream of a bright future
I like who I am now.

내가 쓰고 싶은 시

내 사랑의 이상형은
알콩달콩 사랑을 만들어가는 사람이 아니라
정의와 큰사랑을 펼치는
카리스마 넘치는 강인한 사람이었어요
순간순간 겉모습에 그만
참모습을 보지 못했어요
강인함은 폭력적인 것과 달라요
그럴듯한 거짓말로 카리스마 이어지지 않아요
무수히 난자당한 신뢰
그래서 저의 시는
상처를 부드럽게 쓰다듬어주고
당신의 감성을 더욱 아름답게 빛내줄
예쁜 글이 아니라
당신의 마음을 먹먹하게 하는
힘 있는 글이길 원해요

꼴찌의 인생 성공법

친구들에게 기쁨 주기 위해
시험마다 꼴찌 했어요
누군가는 꼴찌를 해야 하니까요
작은 것에 집착하지 말라 큰 것을 잃는다
어머니 아버지의 가르침으로
효녀인 전 부처님 반 토막 같은 사람이 됐지요
제가 가장 싫어하는 것은 경쟁
트랄랄라 웃으며 걱정일랑 날려버려요
저에게도 나름의 꿍꿍이가 있어요
말솜씨 현란한 똑똑한 사람은 친구 안 해요
사기꾼일 확률이 높거든요
자기 잘난 맛에 사는 놈은 친구 안 해요
자기밖에 모르는 이기적 욕심쟁이일 거예요
죽을 땐 집 한 채와 가족이 남는다고 하잖아요
집 앞에 공원이 있으니 정원은 필요 없어요
크기가 대수인가요
식구 수대로 방 한 칸씩 있으면 만족이지요
난 나의 성실함으로 큰 웃음 부자 될래요

무모한 용기

내가 있는 이 끝에서 당신이 있는 저 끝까지
선으로 연결된 먼 길
깊은 잠에서 깨어난 그리움이 설렘으로
심장은 두근두근 머리는 새하얀 도화지
빨리 보고 싶은 조바심은 행복이었지요
오전 11시 정자역이 아닌 장지역까지 확인한
마지막 통화와 문자

지하철이 출발한 다음에야 알았어요
집에 두고 온 핸드폰
집으로 되돌아가기엔 너무 늦어
두근두근 심장은 네 근이 되고
머릿속 도화지
몰라몰라 낙서로 가득 찼어요

문자를 꼼꼼하게 끝까지 읽을걸
가방 옆에 있던 핸드폰을 왜 못 봤을까
그래도 도착해서 찾으려 노력하면 만날 거야
약속의 뒷부분을 기억하려 애썼지만
한 조각 희망은
실망과 자책의 쓰라림 되어
눈물의 귀갓길이 되었지요

잘못을 알았을 때
지하철에서 내려 집에 다녀올걸
요행을 믿지 말걸
미안해요 미안해요
연락도 되지 않는 나를 하염없이 기다린 당신

신기한 세상

뒷짐 지고 가는 할머니
부드러운 바람에
개천 가 버드나무 가지
춤추는 모습 보셨나요?
저는 어제
드센 바람에도
꼿꼿하게 위엄 부리는
높은 빌딩 앞에 다녀왔어요
그렇게 크고 무거운 빌딩은
뿌리가 깊기에 흔들리지 않을까요
사실 젊은 저는
빌딩이 무너질까 무서웠어요

장미 터널을 지나며

우리 동네 골목 어귀의 긴 장미 터널

봄이 무르익는 오월이면
온 동네 휘감은 향기와
찬란히 수 놓은 화려한 모습
장미 터널 지날 때 옷매무새 가다듬으며
절로 겸손해져요

은은한 향기의 작은 다홍색 덩굴장미꽃
날 격려해주는 내 친구 닮았어요
커다란 노랑 장미꽃은 내가 되고픈 미래
화려함의 극치
가장자리 꽃잎이 시들면 얼른 새 꽃잎이 활짝
오랫동안 자신의 당당한 자태를 지키는
향기 으뜸 빨강 장미꽃은
내 삶에 대한 무언의 가르침이지요

미처 가시를 생각하지 못한 채
향기와 자태에 홀려 꽃을 꺾지 못하고
상처만 입는 사람 종종 있지요

비빔밥

학창 시절 왁자지껄 수다 섞어
우리로 끈끈한 정 엮듯

갓 지은 흰밥에
감칠맛 고기와 콩나물 무나물
애호박 상추 깻잎 당근 달걀
미나리 고사리 표고버섯 꼬막 해물
맘에 드는 재료 휘리릭 섞으면

육지와 바다가 섞여
빨주노초파남보
무지개색 찾기는 덤이 되니
새로운 차원의 음식 비빔밥

마법이 펼쳐진 자리에
참기름 두어 바퀴 두르면
해와 달도 입맛 다시는
세계를 담은 까치발 밥이 되지

[번역 시] Bibimbap

Just like how we wove our close bonds together
in our school days

Mix freshly cooked white rice
with savory meat, bean sprouts, radish greens, zucchini, lettuce, perilla leaves, carrots, eggs,
water parsley, bracken, shiitake mushrooms, and cockles
If you mix your favorite ingredients

the land and the sea mix,
and you get to find the rainbow colors of red, orange, yellow, green, blue, indigo, and violet,
and it becomes a new dimension of food, Bibimbap

If you drop a couple of drops of sesame oil
on the magic spot,
it becomes a magpie-footed rice
that contains the world
that makes even the sun and the moon taste good

이름값

이름 몇 글자 남기는 사람도 있지만
대부분 시간 지나면 그냥저냥 바람에 날려
아무것도 아닌 것이 될 우리
개떡 같든 찰떡같든 한 번 주어진 인생길
개떡 같은 출생과 환경에 속상해 말라
태어났을 때 붙여진 이름
각자의 이름값은 각자의 몫이다
인생의 표지판 착실히 읽어낸 이름은
샛길로 빠지지 않으리니
세상은 그를 떡잎부터 알아보든가
아니면
그는 자신도 모르게
세상 사람들 마음을 사로잡아
이름값 하리

사랑의 황금비율

영원이라는 첫 언약
꿀 뚝뚝 떨어지던 표정
왜 변했을까?
사랑의 유통기한 탓일까?
아닐 거야
울 엄마 아빠 예외의 경우인가?
변하지 않을 사랑
유지의 황금비율 레시피는 무얼까?

울 엄마 아빠 보면
마음 행동 말 표정
잣대 어린 황금비율보다
한 번 맺은 인연
목숨보다 소중히 여기는 마음
무엇보다 중요한 건
반듯한 인성과 성품

2부

여름

매미 소리

짧은 생 끝나기 전 안아보고 싶은 사람아
들판 끝 산을 넘고 또 산을 넘어
네가 들을 수 있을까
목청껏 불러본다 임을 찾는 매미 소리
보고 싶다
보고 싶다
보고 싶다
어디에 있느냐
만날 수 있을까 아름다운 사람아
어서 오라 어서 오라 내게로 오라
매미 소리 우렁차다

짧은 생 끝나기 전 안아보고 싶은 사람아
만발한 꽃향기 짙푸른 녹음에 가려
행여 못 찾을까
목청껏 불러본다 임을 찾는 매미 소리
어서 오라
어서 오라
바람 타고 어서 오라
내가 있는 이곳 아름다운 사람아
어서 오라 어서 오라 내게로 오라
매미 소리 애절하다

아름다운 사람아
어서 오라 어서 오라 내게로 오라

변비

매끈한 아가씨 뱃속에선 상큼했고
훌라후프 돌리는 아줌마 뱃속에선 우쭐
둥그스름 아저씨 뱃속에선 중후했지

나의 최대 약점인 냄새를 완벽 차단해 준
매끄러운 배들
트럼펫처럼 힘찬 소리 뿡 빠바방
애교 방귀 뽕과 구수한 방귀 부웅
그들의 사랑에
찰진 서비스로 응답하면 하하호호

몸 밖으로 나오는 순간부터 천덕꾸러기
더러움과 추함의 대명사가 되는 똥
안락한 그곳을 떠나기 싫어
내보내려는 주인과 버티려는 난
가끔 힘겨루기 변비 전쟁에서
처절한 상처 치질을 남기고
나는 결국 대자연의 품으로 돌아갔지

[번역 시] Constipation

A smooth young lady's belly was refreshing
A hula hoop-twirling aunt's belly was proud
A round old man's belly was heavy

Smooth bellies that completely blocked my biggest weakness, smell
A powerful sound like a trumpet, pung paba bang
A cute fart, pung and a savory fart, boo woong
If you respond to their love with a sharp service, hahahoho

A slut from the moment it comes out of your body
Poop that becomes a synonym for filth and ugliness
I don't want to leave that comfortable place
The owner who wants to send me out and I who try to hold on
Sometimes in a power struggle, a war of constipation
Leaving behind a terrible scar of hemorrhoids
I eventually returned to the embrace of Mother Nature

알약

고만고만한 작은 알약들

며칠 동안 잠 못 잤을 때 한 알
너무 많이 먹어 괴로울 때 한 알
설사로 화장실 왔다 갔다 할 때 한 알
속 시원히 똥 싸고 싶을 때 한 알
콧물 줄줄 흐를 때 한 알
혈액 맑게 할 때 한 알
각종 성인병 수치 정상으로 만들 때 한 알
고열로 이마가 펄펄 끓을 때 한 알

난 날 사랑하는 당신의 마음 알약 한 알
꿀꺽 삼키고 싶어요

[번역 시] Pills

Small pills

One pill when you haven't slept for days
One pill when you're miserable because you ate too much
One pill when you have diarrhea that makes you go back and forth to the bathroom
One pill when you want to poop
One pill when you have a runny nose
One pill when you clear your blood
One pill when you normalize your various adult disease levels
One pill when your forehead is boiling with a fever

I want to swallow a pill of your heart
that loves me

산장여관 옆집 미조빌라

일찍 나온 달 저녁 알리면
큰 산뽕나무가 덮고 있는 정자에선
어김없이 동네잔치 시작되었지
한 잔 마셔야 길목을 지날 수 있는 통과의례에
한낮의 시들한 권태
시원한 웃음으로 날린 사람들
행복한 얼굴로 집에 갔지
마을버스 기사들 입맛 다시며 지나가고
어디선가 멸치젓 같은 꼬리한 소리 들려오면
귀로 보는 애로영화에
하하하 히히히
덤벼드는 모기에도 자리를 뜨지 못하는
신선들이 되었지
산뽕나무가 던져주는
검디검은 오디 열매 주워 먹으며
오늘 하루 행복했다
하하하 웃으며 집으로 갔지

유난히 가슴 시린 오늘
그리운 그 옛날 산장여관 옆집
미조빌라의 정자
신선들의 무릉도원으로 다시 돌아가
오늘 하루 행복했다
하하하 웃으며 집으로 가고 싶네
신선들의 무릉도원으로 다시 돌아가
오늘 하루도 행복했다
하하하 웃으며 집으로 돌아가고 싶네

[번역 시] Mijo Villa next door to the mountain lodge

When the moon that came out early announces the evening
In the pavilion covered by the large mulberry tree
A village feast always begins
In the rite of passage
where you have to drink a glass to pass the crossroads
People who blew away the languid weariness of midday
with a refreshing smile
Went home with happy faces
Village bus drivers passed by with their mouths watering
When a lingering sound like salted anchovies is heard from somewhere
In a movie that is difficult to hear
Hahaha hihihi!

We became immortals who couldn't leave their seats even when mosquitoes swarmed
Eating the black mulberry fruit that the mulberry tree threw
Today was happy
Hahaha I went home laughing

Today is particularly heartbreaking
The pavilion of Mijo Villa next door to the mountain lodge
I miss that old paradise
I went back to the immortals' paradise
Today was happy
Hahaha I want to go home laughing
The immortals I want to go back to the paradise garden
I was happy today too
Hahaha I want to go home laughing

날마다 감사할 뿐이네

사랑
사랑
사랑
사랑이 무엇인지
사랑을 받고 있는지
어디에서 다시 찾을지
난 그동안 온통 사랑에 매달려 끌려다녔네
삶의 무대에서 누리는 모든 것들
내가 알지 못하는 누군가가 만들어준 것
난 전기와 기계를 만들 줄 몰라
난 집을 지을 줄 몰라
난 벼와 밀과 귀리를 키워본 적 없어

멋진 집 따뜻한 밥 행복으로 이끄는
수많은 누군가의 땀, 실패, 끈기, 성공에
감사와 박수를 잊었네

나는 무엇을 하여
자연처럼 풍성한 열매를 맺을까
나는 어떻게 하여 누군가처럼
누군가에게 나누어 줄 큰 가치를 만들까
대자연의 질서와 세상 사랑에 겸손해지네
그저 모든 것에 날마다 감사할 뿐이네

사라지는 추억들

나는 도시의 아파트 숲 거닐며
사라지는 추억들 곱씹고 있네

높고 낮은 돌담길
굽이굽이 골목길
라일락 꽃향기
밤하늘의 별들
코흘리개 꼬맹이 시절의 웃음소리
그리고 내 임의 말소리

그래도 아직 여전한 달빛과 길고양이
새로운 이야기 노릇노릇 굽고 있네

그래도 아직 여전한 함박눈과 칼바람
겨울날 이야기 맛깔나게 굽고 있네

옷 구경하다 사색하기

존재적 두각이 빛날 방편이 있습니다
나와 눈이 마주친 마네킹은
호객행위 중
나는 습관처럼
아름다움과 권위의 허울을 찾아 걷고 있다
물고기야, 개미야, 개구리야
옷이 없는 너는 수줍음을 모르는데
옷을 입는 나는 왜 부끄러움을 느낄까
언제쯤 나는 옷에 상관없이
너처럼 자유로울까

냉장고를 부탁해요

냉장칸 냉동칸
오색빛깔 무지개색 식재료들
감탄사 연발 만찬을 준비하고 있어요
당신이 원할 땐 언제든
맛있는 음식 대접할게요

찰토마토에는 당신이 몰고 온
골목 귀퉁이 바람 한 점 없을게요
신선한 육즙 가둔 고기 한 점에 입힌
주황색 노을과
수돗물에 세수한 초록 푸성귀
향기로운 나의 미소는
당신의 혀에 닿는 순간
잊지 못할 샐러드가 될 거예요

그러니 갑작스러운 이별은 하지 마세요
오도 가도 못하는 기다림에 지친 재료들이
기댈 곳 찾다 시들어져 눈물에 뭉개지네요
냉장고 속은 시꺼먼 눈물바다가 되네요
냉장고를 부탁하는
제 마음을 부디 알아주세요

[번역 시] Please take care of my refrigerator

Refrigerator and freezer
Colorful rainbow-colored ingredients
Preparing a feast with exclamations
I'll treat you to delicious food
whenever you want

I'll add a bit of the wind from the alleyway
that you brought to the cherry tomatoes
The orange sunset
on a piece of fresh, juicy meat
And the green vegetables washed in tap water
My fragrant smile
The moment it touches your tongue
It will become an unforgettable salad

So please don't have a sudden breakup
The ingredients, tired of waiting without being able to go anywhere
Wither and fall into tears as they look for a place to lean on
The inside of the refrigerator becomes a dark sea of tears
Please understand my heart,
asking for my refrigerator

사랑 고백의 순간

세상의 반은 남자고 반은 여자인데
그 많은 사람 중
당신만이 유일한 내 사랑

그 사랑에서 깨어나고파
라일락 꽃잎을 씹어봤지만 소용없었어요
이 불가사의한 사랑을 고백할 찰나예요
죽을 순간까지 당신이 기억할 나의 시

시를 읽듯 노래하면 지루할까요
노래하듯 시를 읽으면 웃음이 날까요
당신 가슴에 꽂힌 내 고백의 음률
행복으로 활짝 피어난 눈물꽃
당신의 가슴에 가득 핀 사랑은 나뿐이길!

홀로서기

당신과 나 예전엔 알지 못했던 사이
허공에 떠돌던 수많은 이야기
서로 얽혀 알지 못하는 사이
인연이 되고 사랑이 되었어요
나 당신을 알고 정말로 행복했어요

당신과 나 이제는 알지 못하는 사이
허공에 뿌려진 시린 이야기들
가슴 속 보따리 펼치면 나오는 말 말 말
영화가 되고 전설이 되었네요
당신을 알기 전 그때도 나 행복했어요

이제 행복한 나의 인생 찾아
오늘 하루 최선을 다할래요
아름다운 꿈을 찾아 시린 이야기 접어두고
오늘 하루 다시 웃어 볼래요
오늘 하루 크게 웃어 볼래요

서로 잇다

상류와 하류를 잇는 강은
바다로 흐른다

한 땀 한 땀 수가 놓인
낡은 흰 무명천 찻잔 받침
정성 다해 수 놓았던 누군가의 모습은
한 백 년 세월을 나와 잇게 한다

스물다섯 예쁜 여배우의 자살 소식에
가슴 후벼 파는 아픔으로 눈물 흘림은
그녀와 나 서로를 잇는 영화 속
초롱초롱 빛났던
그녀의 아이 시절 눈 때문이다

한 글자 한 글자 기쁨으로 꾹꾹 눌러쓴
나의 사랑 편지는 이제 천 년 동안
당신과 나를 잇는 질긴 낚싯줄이 되어
우주로 흐를 것이다

[번역 시] Connected to each other

The river connecting the upstream and downstream
Flows to the sea

An old white cotton teacup coaster
with stitches sewn one by one
Someone who had embroidered it with sincerity
Connects me to a hundred years of time

The news of the suicide
of a pretty twenty-five-year-old actress
Shedding tears with heart-wrenching pain
Is because of her childhood eyes
that shined brightly
in the movie that connects me and her

My love letter, pressed down with joy, will now
become a tough fishing line
that connects you and me for a thousand years
and flow into space

암막 커튼

바깥세상 밝기에 상관없이
푹 자고 싶을 땐
암막 커튼을 치세요
엄마 뱃속처럼 눈감고 미소 지으며
걱정 근심 불안 다 털어낸 뒤
잠에서 깨어 일어나면
몸과 마음 새털처럼 가벼워질 거예요
몇 날 며칠 나 혼자만 밤이면 어떤가요
긴긴 인생길
알람일랑 켜지 않아도 괜찮아요
때가 되면 저절로 일어나질 거예요
내가 가는 긴긴 인생길에
하루 이틀 사흘 늦어진들 어떤가요

나는 멋진 사람

두뇌 회전은 느리고
미적 감각과 요리 실력
공감 능력이 남보다 떨어져요
대찬 구석 없음 나의 단점

담백한 자연식을 즐기며
어떤 요리도 복스럽게 먹는다
매 순간 상쾌한 긍정의 순수함
어떤 옷차림에도 당당 개성 만점
혼자서도 잘 지내는 풍부한 상상력
타인 위해 이익 손해 따지지 않는 마음
꾸준함과 인내 당신에게 전염시킬 수 있는 용기
쫄깃쫄깃 졸아드는 마음 싸움 대신 도망
생명처럼 소중하게 지키는 좌우명
남의 눈에 피눈물 나게 하면
내 눈에서도 피눈물 난다

나는 단점보다 장점이 더 많답니다

장마 이야기

네가 떠난 어느 여름날

하늘도 장대비로 내 아픈 마음 달래주었지

오늘도 하염없이 장대비가 내리네

창문 타고 흐르는 눈물 같은 빗물
창밖의 빗물 따라 내 얼굴에도
빗물 같은 눈물 하염없이 흐르네

[번역 시] The Story of the Rainy Season

One summer day when you left

The sky also comforted my aching heart with heavy rain

Today, too, heavy rain falls endlessly

Rain like tears flowing down the window
Like the rain outside the window, on my face too
Rain like tears flowing endlessly

나의 양념통

갖은양념에 버무린 불고기
심장을 두드리는 화사함 펼쳐주고
소금과 후추로 구운 고기
담백한 맛 혀끝에서 "와우" 감탄사 부르지
깊은 맛과 담백한 맛
각각 매력이 있지

누구든 자신만의 비법 인생을 위해
가슴 속에 숨겨놓은 양념이 있지

담백한 맛 인생
깊은 맛 인생에 꼭 필요한 양념 돈
과한 양념이 음식을 망치듯
주체하기 힘든 돈도 인생을 힘들게 하지

나의 양념통에는
의식주 해결과 친구랑 밥 한 끼 먹을
꼭 그만큼의 돈이 들어있지

[번역 시] My seasoning jar

Bulgogi mixed with various seasonings
Spreading a heart-pounding splendor
Meat grilled with salt and pepper
The mild flavor makes my tongue exclaim "Wow"
Deep and mild flavors
Each has its own charm

Everyone has their own secret life
For the seasoning hidden in their heart

The mild flavor of life
The seasoning that is essential for the deep flavor of life is money
Just as excessive seasoning ruins food
And too much money that is hard to control makes life difficult

My seasoning jar
Contains just enough money
to solve food, shelter, and a meal with a friend

기다림이란

아기가 아이로 어른으로 크는 밑바탕은
부모의 사랑 담긴 기다림

살짝살짝 힌트는 주되
학생이 스스로 문제를 풀어 웃게 하는 것은
선생의 사명감 담은 기다림

부하 직원 시행착오를 고쳐주며
그의 성취감을 끌어올리는 것은
상사의 신뢰 깊은 기다림

꽃봉오리 스스로 활짝 피길 원하며
물을 주고 기다리는 것은
원예가의 시간 짙은 기다림

정직하게 잘살았다 마지막 말 심연으로
지금 열심히 사는 것은
자신에 대한 믿음 깊은 기다림

기다림이란
꿈의 실현 위한 필요조건

추억의 덕목

매일 신선한 물을 갈아주어도
금방 시드는 화병의 꽃
슬퍼 말라
꽃이 지면 더욱 무성해지는 잎
나의 세상도 달콤한 꿈 끝나면
운명의 수레바퀴 속 몸뚱이 될 테지
뜨거운 해를 안으면
차가운 초승달이 그리워지기 마련
오늘만은
나의 하루에 광채를 주는 그대 눈길
병든 내 마음으로 그대 미소
환희와 감미로움 추억의 매듭 리본
운명의 순간에
용감무쌍 제 일 덕목을 위하여 축배!

3부

가을

믿고 보는 드라마

  수시로 재생되는 아버지 주연의 드라마
제목은 〈나에게 닥친 모든 일은 의미가 있다〉
주제가는 〈똥통에 빠트린 뒷주머니 지갑〉
감상평은 웃다가 눈꼬리에 눈물 맺힘

  가난한 도시 청년이 결혼 허락받으러 시골 처녀 집에 갔어요. 예쁘고 똑똑한 딸이 아까운 처녀의 아버진 계속 반대하셨지요. 오줌이 마려운 도시 청년은 난생처음 재래식 화장실 뒷간에서 오줌을 누었어요. 엉거주춤한 자세로 튀어 오르는 똥물을 피하려다가 그만 뒷주머니 지갑을 똥통에 빠트렸어요. 막대기와 삽으로 지갑을 건지려 할수록 지갑은 더 깊숙이 내려갔어요. 처녀 아버지는 뒷간 바닥에 엎드려 맨팔을 똥통에 넣고 이리저리 고생 끝에 지갑을 건져냈지요. 같이 묻혀나온 똥과 하얀 구더기들. 물로 깨끗하게 씻고 환히 웃으며 지갑을 주는 처녀의 아버지 앞에서 청년은 엉엉 울었어요. 지갑 속에 어릴 때 돌아가신 어머니 사진이 있었거든요. 소란 덕분에 버스는 끊기고 밤이 지나면서 드라마는 결혼 승낙으로 해피엔딩 끝.

  검은 머리 파뿌리 된 오늘도
한결같은 마음 고맙다며 어머니를 포옹하시네요

욕심내지 마세요

당신의 접시와 국그릇 음식은
찰랑찰랑 가득 채워도
넘치지 않게 하세요

넘치지 않아도 맛있고 배부르다
만족하실 거예요

누군가 저에게 간장 담는 종지라 했지요
종지에 맞게 먹은 음식도 세월 지나니
비만 되어 약을 먹고 있네요
아마도 전 남들보다 여러 번
그릇을 채워 먹었나 봐요

이젠 먼 길 떠날 날 가까우니
한 번만 먹어 날씬해져야겠어요
이참에 제 인생의 군더더기 살
빼고 싶어요

지갑을 열어 두라고요?
하하하 충고 고맙습니다

착각

나는 내가 좋은 사람인 줄 알았어요
나는 내가 착한 사람인 줄 알았어요
나는 내가 멋진 사람인 줄 알았어요

죽을 때까지 덕담 주고받고 싶던 친구들
만남 횟수도 호탕한 웃음도
허심탄회한 대화도 뜸해졌어요
왜일까? 나를 들여다보니

난 좋은 사람이 아니었더라고요
예의 없는 충고와 잘난 척의 끝판왕

난 착한 사람이 아니었더라고요
친구의 넋두리에 종종 왕짜증

난 멋진 사람이 아니었더라고요
부모 자식 형제자매에게 쓴 돈 자랑뿐
내 소유가게 상가의 공동화장실 문짝
너덜너덜 거지 같아도
내 돈이 조금이라도 더 들어가는 건 싫어
의논조차 안 해봤어요

난 좋은 사람이 아니었더라고요
난 착한 사람이 아니었더라고요
난 멋진 사람이 아니었더라고요

각자의 잣대로 이해

이해가 안 된 채로 듣고 있었어요

뇌에 11센티미터짜리 꽈리가 있다네!
일주일 후 수술받기로 했는데 혹시 몰라서
너에게 맛있는 밥 사주고 싶었어

갸우뚱대는 내게 은근히 화나신 것 같았어요

뇌 속 가는 혈관에 비하면
11밀리미터짜리 꽈리는 대단히 큰 거야

주먹만 한 11센티미터가 아니라
엄지손톱만 한 11밀리미터

여름철 입에 넣고 불곤 하던
질긴 꽈리가 내는 경쾌한 소리
웃음이 났어요

봄이 와서 따뜻한지
따뜻해서 봄이 왔는지
그게 뭐가 중요하니 멋쩍은 당신

시술 잘 받고 연락 주세요
제가 맛있고 따스한 밥 사드릴게요

만나고 싶어요 김유경 씨

사랑이 무얼까요?

목숨 바쳐도 좋다며 사랑했던 사람은
눈곱만큼도 생각나지 않는데
한 번도 사랑해본 적 없는 당신은
왜 이리 만나고 싶을까요

라일락 향기로 뒤덮인 갈현동 큰 대문집에 살던
당차고 멋진 경기여고 2학년 여학생을 찾습니다
군인 출신 아버지와 화가 어머니
남동생, 큰 반려견
미국에 이민 간 지 오래전
수십 년이 넘은 지금
이제 고향은 잊었을까요

가출하려던 저와 우연히
편지 몇 통 주고받은 사이
얼굴도 모르는 사이 김유경 씨
먼 훗날 서로 훌륭한 사람이 되어
서로가 찾지 않아도 세상이 만나게 하자며
한 살 어린 저에게 삶의 길 열어주었지요

고맙습니다
미안합니다
이젠 정말 만나보고 싶습니다

백 점 만점에 백 점인 여행

짧은 여행이었어요

물수제비 뜨는 강가에서
내 웃음소리 들었어요

길바닥에 수북이 쌓인 벚꽃 위
세찬 빗속을 우산 없이 걸으며
엉엉엉 내 울음소리 들었어요

산들바람 한순간에 여기저기서 팡팡
노랑 분홍 빨강
꽃잎 터지는 소리 들어봤지요

삼라만상 고요한 밤에 당신을 찾는
내 노랫소리 들었나요?

잠에서 깬 당신이 달려와 물 한 컵 주며
내 어깨의 짐을 나누어 들어주다니!
백 점 만점에 백 점인 여행이었어요

[번역 시] A trip that scores 100 out of 100

It was a really short trip.

On the riverside where water droplets float
I heard my own laughter

Walking in the heavy rain without an umbrella
Above the cherry blossoms piled up on the road
I heard my own crying

In an instant, the breeze blew here and there
I heard the sound of flower petals bursting
in yellow, pink, and red

Did you hear my singing
as I searched for you in the quiet night of all things?

You woke up and ran to me, handing me a cup of water
And sharing the burden on my shoulders!
That was truly a trip that scores 100 out of 100

헛먹은 나이

난 그림의 떡을 보며 살아왔어요
배부른 것을 느끼지 못한 채
만들어 먹을 생각도 못 했어요

일 년 삼백육십오일
등산객이 집 앞을 지나가는
북한산 초입에 살고 있어도
북한산 한 번 가본 적 없어요

바다 생명체란 생선가게에 있는
몇 종류 생선들이 전부인 줄 알았어요
어류도감 충격
만화 속 상상의 캐릭터들

의학 백과사전 속 수많은 병
눈에 보이지 않는 세균 박테리아 바이러스
강가 웅덩이에서 물놀이는 안 할래요

같이 있을 때 편안한
그저 평범한 보통사람 나
이제는 새벽의 신선함
나무와 돌, 하늘과 땅
단순한 모험을 하며
멋지게 나이 먹어갈래요

어른 교육 시작

우린 동거인
막내까지 모두 성인
어른 교육 시작은 역할 분담부터
저녁 준비에서 설거지까지
월수는 첫째, 화목은 둘째, 금토는 엄마
일요일엔 가족외식
아빠는 세탁과 청소 포함 집 관리
단 각자 방은 각자 청소와 정리
가족외식 불참자 외식비 부담
아침 식사는 엄마
점심은 각자 알아서 해결
아빠는 우리의 튼튼한 가정을 짓는 일꾼
엄마도 민족중흥의 역사적 사명을 지닌 사람
인류에게 도움이 될 일 연구 중
물 소비 삼 분의 이 줄일 자동샤워기계
계획만으로도 너무 멋지지?
슬기로운 공동생활은
바로 유토피아 건설의 기초

날마다 소풍

헤어진 뒤 찾을 길 없는 너
동네의 푸르른 대추나무와 미루나무
빨간 단풍나무 찾아 헤매고 있을까
난 지도 없어도 잘 찾을 수 있다
눈 감고도 소풍 길 걸을 수 있다
장미 향 가득한 공원에선
산들바람 되어 가볍게 걷는다
사람들 빽빽한 해변에선
바닷바람 소리 내며 우우우 웃는다
나무들 울창한 숲속에선
풀벌레 소리로 마음 정화
널 다시 만나는 꿈을 안고 사는 난
그래도 날마다 소풍
정다운 우리 동네 다시 돌아올 땐
널 위해 소풍 바구니
상큼한 포도와 사과 담아온다

아가야 나오너라 달맞이 가자

반짝이는 큐피드의 화살 타고
어느 별에서 넌 내게로 날아왔을까
날마다 자지러지던 너의 웃음소리
가슴 벅찬 행복이었지
이제는 떠나간 나의 아가야
어느 별에 추억을 남겨두었니
행복한 그 시간 머릿속 사진 추억
그 어느 별에서 내게로 올까
아가야 나오너라 달맞이 가자

반짝이는 큐피드의 화살 타고
추억 속 그 별에서 내게로 다시 오렴
그날엔 자지러지는 너의 웃음소리
온 동네 잔치마당
아가야 그날엔 그네 타고
더 멀리 더 높이 달 따러 가자
행복한 시간 가슴 속 웃음소리
영원히 새겨놓자
아가야 나오너라 달맞이 가자

나는 행복한 사람

나는
초중고 개근상 탄
건강과 성실함 지금도 기본으로 가진 사람

TV 드라마 같은 가슴 절절 연애의
주인공도 되어본 사람

열아홉 살 유관순 모택동처럼
뜻깊은 열아홉 살 보낸 사람
큰별야간학교 설립하여 사랑 나누던 내 모습
가슴 깊숙이 훈장처럼 빛나고 있어요

언제인가 당신이 부를 사랑 노래
당신이 나를 향해 오는 발소리
아주 작은 소리까지 들을 밝은 귀
내 앞에 선 당신 모습과 웃음소리
선명하게 흉내 낼 수 있을 거예요

배고픔만큼 힘들다는 외로움
친구들 덕분에 이겨낸

난 지금 전망 좋은 집에서 살고 있어요

한파특보

포근한 날씨에 방심하지 말고
내일부터 몰아칠 북극 한파에 준비하라는
아침의 일기예보
가볍고 두툼한 옷과 침구
비상용 식량까지 점검했어요
한파는 생각보다 무섭지만
철저히 준비한 사람은
영하 오십 도에서도 살아요
그래요
난 무서운 한파를 잘 이겨낸 사람이에요
마지막 자존심 이외에는 툴툴 털어버렸어요
죽기밖에 더하겠나 두툼한 배짱
겹겹의 인내, 인내
맞아요
마음의 성곽 잘 쌓으면
인생의 한파쯤 거뜬히 이겨낼 수 있어요
내 인생은 내가 묵묵히 짊어지고 가야 하는 것
잊지 마세요
주변의 위로와 응원은
그저 비상식량일 뿐이라는 걸

관점의 차이

모든 사람에게
친절이 몸에 밴 당신과 다르게
사랑의 감정에 설레는 사람 있을 거예요

오랜 시간 묵묵히 행한 한결같음
언젠가 관점의 차이 좁혀져
하나로 모일 수 있을까요?

화려한 꽃의 전성기를 감상하는 꽃꽂이와
살아있음의 생명을 감상하는 꽃 화분

어미의 허락 없이
강아지를 데려와 키우는 것은 점령
코를 비벼대고 엄마라 호칭하며
강아지를 품에 꺼안고 지내는 것은
나이 국적 종의 한계를 뛰어넘는 사랑

밤새도록 내린다는 눈 예보
비닐하우스 옆 뜬눈으로 지새운 농부
아침에 내지를 감탄사 꿈속에 들이는 아이

그 모두 관점 차이

인생의 연산 법칙

식으로 나타낸 자연계 현상은
수학의 사칙연산으로 거의 풀 수 있지

인생 연산은 더하기 빼기 곱하기 나누기
그 외에 두 가지 더 필요하다네

당신과 나의 사랑 더하기는
설렘 웃음 추억 따스함
행복 곱하기로 증폭되지

이유를 알 수 없는 이별은
쉽사리 계산 안 되는 빼기
이럴 때 필요한 것은 나누기
미움 추억 미련 눈물
시간으로 계속 나누면 결국
영에 가까워져 무게감이 없어진다네

인생에 새로운 연산
마음먹기와 한결같기 도입해볼까?
먹기 중 가장 어려운 것 마음먹기
제대로 계산한 자 세상의 능력자 또는 도인
계산 중 가장 어려운 것 한결같기
제대로 풀어낸 자 인생 성공자가 된다네

[번역 시] The Four Laws of Arithmetic in Life

Phenomena in nature expressed as equations
can almost be solved by the Four Laws of Mathematics

Arithmetic in life is addition, subtraction, multiplication, and division
and two more are needed

The addition operation of your love and mine
is amplified by multiplication of excitement, laughter, memories, warmth and happiness

The reason for our separation is not easily calculated by subtraction
In times like this, what is needed is division
hatred, memories, regret, tears
If you continue to divide by time,
eventually, it gets closer to zero and loses its weight

Should we introduce new operations in life making up our minds and being consistent?

The most difficult thing in eating is making up our minds

Those who calculate correctly are the most capable or the masters of the world

The most difficult thing in calculating is being consistent

Those who solve correctly become successful in life.

선순환

할 말 있어 팔순 잔치 꼭 하렵니다
같은 교정에서 파란 젊음 누렸지만
사는 세계가 달라진 부자 친구 도희
밑바닥 나락까지 떨어진 나에게
늘 먼저 손 내밀고 내어준 마음
친구여 고맙고 부끄럽고 존경합니다

동갑내기 그녀의 아들 나의 딸
같은 날 대학수학능력시험 볼 때
왕복 네 시간 거리 기꺼이 달려와
손수 만든 찹쌀떡 곰국을
엄마 대신 나의 딸에게 먹였습니다
고맙고 부끄러웠습니다

길바닥에 나앉을 처지인 나에게
같이 울며 살 집을 찾고
엄마와 냉전 중인 나의 딸에게
엄마 몰래 찾아가 엄마가 되어주었습니다

긴 세월 조용히 이어진 그녀의 선행
내가 할 수 있는 건 그저 기도뿐
행복하고 건강한 부자 도희 되게 해달라고

기다리는 마음

달랑 DNA 등록 하나로 형성된 찌
바다에 던져놓고
낚싯줄 끝을 바라보며 세월 기다린다
어디선가 잘살고 있다더라
삼 년 안에 분명 다시 만날 것이고
그 점쟁이 용하다며 떡 한 말 지고
인사 올 거라 확신하더라
다
다
다
부질없더라
망망대해 바다 어디를 헤엄치고 있을까
애타는 이 마음 녹아
깜깜한 바닷속 어디라도 너에게 닿으면
찌를 덥석 물고 올라오너라

4부

겨울

인생 최고의 복

갓난아기 노란 물컹똥
중년의 황금똥
노인의 검은똥

몸속에 있을 때나 몸 밖에 있을 때나
똥은 똥 한결같은 똥이오

아기의 먹고 자고 싸는 것이 희망이라면
노인의 먹고 자고 싸는 것은 회향이라오

개똥은 웃으며 치우는 자식놈이
아비 똥에 찡그리기 시작할 때

존엄을 지킨 절묘한 회향이
인생 최고의 복이라오

좌우명

점점 길어지는 나의 좌우명

젊었을 땐
배움, 실천, 부자

중년일 땐
웃자, 베풀자, 건강하자

노인이 되니
자주 만나자, 아까워 말자, 고까워하지 말자

저속노화를 원하는 이유

어릴 땐 빨리 어른이 되고 싶었어요
돈도 벌고 뾰족구두도 신고 싶었거든요

어른이 되니 빨리 늙고 싶었어요
하늘과 땅 사이에 잘난 사람이 너무 많아
그들을 쫓아가기가 버거워서요
불안한 청춘으로 크게 흔들리는
제 그림자가 무서웠거든요

이제 나이 드니 운동화를 신고도 행복해요
일 년에 한 번뿐인 제 생일을
수십 번 더 축하받고 싶어요
멋있는 세상에 살고 있으니
난 멋쟁이일 거예요

[번역 시] Why I Want to Age Slowly

When I was young, I wanted to grow up quickly
I wanted to make money and wear pointy shoes

When I became an adult, I wanted to grow old quickly
There were too many successful people between heaven and earth
It was hard to keep up with them
I was afraid of my shadow, which was shaken by my anxious youth

Now that I'm older, I'm happy wearing sneakers
I want to have my birthday, which comes only once a year, celebrated dozens of times
I live in a wonderful world
I'm going to be cool

신선

오늘도 그대 신선이 되고 싶은가?
흰 주먹밥과 삶은 달걀 한 개면 충분하다네
소금과 참기름, 통깨로 버무린 밥
청춘의 잔재미 같은 화려한 맛 없어도
햇살이 깔아준 멍석에 앉아
담백한 삶의 찬가 음미하며
아주 조금씩 꼭꼭 씹으면
세상만사에 조금 더 너그러워진 포만감으로
오후 한나절
뒷짐 지고 고궁 산책 충분히 할 수 있네

치매 초기

해가 뜨면 낮이고 해가 지면 밤이지요
오늘이 무슨 요일인지 며칠인지 모르겠어요
직장에서 돌아온 아들 밥이 없는 것 같아
애간장이 타네요
지독한 시집살이 시어머니가
아직도 살아계신 것 같아요
시누 집 마실 갔다 돌아오실 시간에
집 청소를 해요
난 아직 귀가 밝아요
구시렁구시렁 자식들 소리 다 들려요
난 아직 머리가 명석해요
기저귀에 오줌똥 안 싸려고
수시로 화장실에 가지요
난 아직 눈이 맑아요
동네 사람들은 내 눈이 호수 같대요

내가 치매라고요?

거짓말하지 마세요
어른을 놀리면 똥구멍에 털 나요

행복에 이르는 길

건강하게 살다 때가 되면
잘 살았노라 웃으며 죽는 것

누구나 가지는 꿈의 성공비법은
몸이 절대 죽음을 눈치채지 못하게 하는 것

실천 방법은 세 가지
시를 읽듯 천천히 음식 맛 음미하기
팔딱이는 물고기처럼 심장을 흔들어줄 웃음으로
매일 얼굴 팩하기
평상심으로 꾸준히 산책하기

깃털 같은 몸 되어 단번에 성공할 겁니다

사과

겨울 지나 푸석해진 사과
껍질은 그대로인데 속살이 변했네

겨울 지나 더 긴 시간을 품은 사과
껍질은 쭈글 주름인데 속살이 달고 찰지네

병상 위의 독백

몇 년째 침대에만 있었더니
푸른 들판 마구 뛰어다니고 싶어요

이제 희망이 생기네요
낮이 점점 길어지고 있어요
팥죽을 먹었지만 지난 동짓날엔
긴 밤이 무서웠어요

죽은 줄 알았던 벤자민의 앙상한 가지에서
연녹색 작은 새싹이 움텄어요
처음으로 엄마가 되었을 때처럼 흥분되네요
나의 엄마도 나를 처음 안았을 때
부서질까 조심스레 웃음이 터졌겠지요

낮이 길어지면 흰빛 따라 걸어가는 길
더욱 환해지고
엄마 아빠 만난 나는
다시 환하게 웃는 아이가 되겠지요
지금보다 억만 배 더 흥분되고 기쁠 거예요
옷차림 가벼워 먼 길 가볍게 떠날 거예요
날이 점점 따뜻해지고 있어요

내가 죽으면

불꽃 같던 사랑
활활 타오른 뒤 재가 되니
바람에 흩어진 뒤 흔적이 없소

뜨겁게 살았던 내 모습
때가 되어 재가 되면
숲 가장자리에 뿌려주오

나무 수액 따라 가지에 오르면
싱싱한 나뭇잎 되어
그늘과 바람 만들고
그 옛날처럼
젊은 남녀의 마음
설레게 만들고 싶소

오래전 폐기된 순애보

일방적으로 폐기된 사랑 앞에서
눈물밖에 없던 여자들
오늘내일 먹을 양식만 있어도 고맙습니다
숨죽여 버틴 나날들

이제 차 한 잔 마실 넉넉한 공간 속 시간
남들은 잊었겠지만
절대 잊을 수 없는 가슴 속 상처

숫맥의 여자 찾느라 혈안이 된
팔은 안으로 굽는다며
이상한 짓 많이 했던 시댁의 시자 여인들

누가 알았으랴
세월을 이기지 못하고 고꾸라지고 말 것을
한때는 기고만장 순풍의 인생이었다
돈도 명예도 건강도 여자도 자식도

지금은 가진 것 아무것 없는
반신불수 휠체어 오빠를 위해 그녀들
권세 등등 시댁의 시자를 내세운다

하느님 앞에서 맹세한 결혼 서약 지키라고
악다구니 쓴다 한들 어쩌랴
어림 반 푼어치도 없는 순애보
폐기된 지 아주 오래전이다

오르막길

헉헉대는 숨 정도는 참을 수 있지
오르막길 끝에서 보게 될
저기 멀고 먼 아래 세계
가슴이 뻥 뚫리는
탁 트인 풍광

아!
나의
당신의
죽음도 그러하리

임종

흔적 없이 스며들어
영겁토록 친구 되자 약속한 임
달빛 되어 어디로 갔나
은밀한 사랑 이야기 허공 맴돌고
추억은 아직도 창밖 감나무에
땡감으로 달려있다
온종일 임 맞을 준비에 초점 잃은 눈
들리지 않는 임의 소식 윙윙거리는 귀
달빛 따라 임 찾아가고파
바람결에 전했던 그의 애달픈 마음
눈물 되어 흐른다

또 만납시다

정다운 나의 친구여
헤어질 때마다 우린 늘 똑같은 한마디
또 만납시다
대단한 삶 살아보겠다고 아등바등
해맑던 웃음 언제던가
살아보니 별것 아닌데
감탄을 잃고 산 지 오래전
죽으려니 왜 그리 아쉬운가요
우리의 많은 이야기
겹겹으로 짠 옷 무거울까
또 만납시다 한마디 수 놓은
홑겹 비단옷 입고
하늘하늘 하늘로 가고 싶소

[번역 시] Let's meet again

My dear friend

Whenever we part, we always say the same thing

Let's meet again

I struggle to live a great life

When was the day I smiled brightly

When I lived, it was nothing special

I've lost my admiration and lived for a long time

And now that I'm about to die, why do I feel so sad

Our many stories

Will the clothes woven in layers be heavy?

Let's meet again

I want to wear a single-layer silk dress

With just one word embroidered

And fly to the sky, fluttering in the wind.

개나리 노랑 세상

어제오늘 유난히 세찬 바람과 추위에
장롱 속 겨울옷 다시 꺼냈어요
문득
개나리 노란 함포 소리에 놀라
집 밖으로 나오니
세찬 시샘 바람에도
떨어지는 꽃잎 하나 없이
끝없이 펼쳐진 노랑 세상
임에게 보여주고 싶은 세계
지금 이곳

[번역 시] Yellow world dyed in forsythia

Yesterday and today, due to the unusually strong wind and cold,
I took out my winter clothes from the closet again
Suddenly
I was startled by the sound of the cannons blooming yellow forsythia
When I came out of the house
Even in the strong jealous wind
Not a single petal fell
The yellow world spread out endlessly
A world I want to show to you
This is where I am now

내 인생의 주인공

내가 그린 꿈
배역과 배역 사이 오가며 한 일인다역
잡념이 비집고 들어갈 틈 없는 열정과
반복되는 공연으로 더욱 자연스러워진
몸짓과 말투
선물 같은 날의 연속
조연으로도 새벽에 배달된 우유 마냥
신선한 행복 노래
감칠맛 사랑 노래
시적 사유와 대사로
기꺼이 주인공을 돋보이게 했지요
연극이 끝나고 무대인사 할 때
비로소
내가 주인공이었다는 걸 알았어요
분명 나를 향한 우레 같은 박수 소리

[번역 시] Me, the main character of my life

The dream I drew

Going back and forth between roles, one role at a time

Passion that leaves no room for distracting thoughts

Gestures and speech that become more natural through repeated performances

A series of days like a gift

Even as a supporting role, like milk delivered at dawn

A fresh song of happiness

A savory love song

With poetic thoughts and lines

I willingly made the main character stand out

When the play ended and I gave a stage greeting

I finally

거울 속으로

액자 속 젊은 내 마음
여전히 오렌지 과즙같이 상큼

거울 속 오늘 내 얼굴
눈 밑 다크써클
머지않은 죽음 순간 속삭이네

길어야 일이 년 의사의 선언 후
냉담했던 신에게 기도하네
두려움 때문에 완벽하게 외우지 못한 소원
맹수처럼 넘치는 힘이 날 집어삼켜
끔찍한 고통 주는 삶의 연장
부디 순한 죽음 주소서

매일 멋진 미소 연습하며
뒷짐 지고 거울 속으로 들어가 보네

옛날이야기

소와 닭 합쳐서 열여섯 마리
소가 여섯 마리
닭은 몇 마리일까?
문제 풀이 과정이 이해되지 않아
화가 치미는 순간
눈부신 청년이 된 네가 기억할까?
넌 백지 같은 순수 영혼의 아이였을 뿐
단언컨대 그런 시절은 없었노라고
크게 웃을까?
할머니 나도 너와 같이 그런 시절 지나
네가 우러러보던 사람 되었노라고
훗날 이야기해주렴

[노래 작사] 매미 소리
—2025.02.10.

짧은 생 끝나기 전 안아보고 싶은 사람아
들판 끝 산을 넘고 또 산을 넘어 네가 들을 수 있을까
목청껏 불러본다 님을 찾는 매미 소리
보고 싶다 보고 싶다 보고 싶다 어디에 있느냐
만날 수 있을까 아름다운 사람아 어서 오라
어서 오라 내게로 오라 매미 소리 우렁차다

짧은 생 끝나기 전 안아보고 싶은 사람아
만발한 꽃향기 짙푸른 녹음에 가려 행여 못 찾을까
목청껏 불러본다 님을 찾는 매미 소리
어서 오라 어서 오라 바람 타고 어서 오라
내가 있는 이곳 아름다운 사람아 어서 오라
어서 오라 내게로 오라 매미 소리 애절하다

아름다운 사람아 어서 오라 어서 오라 내게로 오라

서로 잇다

전해심 지음

발행처	도서출판 **청어**
발행인	이영철
영업	이동호
홍보	천성래
기획	육재섭
편집	이설빈
디자인	이수빈 ǀ 구유림
제작이사	공병한
인쇄	두리터

등록   1999년 5월 3일
        (제321-3210000251001999000063호)

1판 1쇄 발행   2025년 6월 30일

주소   서울특별시 서초구 남부순환로 364길 8-15 동일빌딩 2층
대표전화   02-586-0477
팩시밀리   0303-0942-0478
홈페이지   www.chungeobook.com
E-mail   ppi20@hanmail.net

ISBN   979-11-6855-349-1(03810)

본 시집의 구성 및 맞춤법, 띄어쓰기는 작가의 의도에 따랐습니다.
이 책의 저작권은 저자와 도서출판 청어에 있습니다.
무단 전재 및 복제를 금합니다.